BIBLIOTHÈQUE HISTORIQUE,

(ACTUALITÉS).

DEUXIÈME LIVRAISON.

IBRAHIM-PACHA.

PRIX : 25 CENTIMES.

PARIS.

AU BUREAU CENTRAL,

RUE TAITBOUT, 12,

ET CHEZ TOUS LES MARCHANDS DE NOUVEAUTÉS.

—

1840.

IBRAHIM-PACHA.

Ibrahim-Pacha, fils aîné de Méhémet-Ali, est ainsi que nous l'avons déjà dit dans la biographie du Vice-Roi d'Egypte, né à Cavala, petit port de Roumélie en 1789, deux ans après le mariage de son père, auquel il est appelé à succéder.

Chargé dès l'âge de seize ans de commandemens de troupes et d'administrations de provinces, il a ainsi pu, de bonne heure, donner des preuves éclatantes de sa bravoure et de sa capacité. Doué d'un courage à toute épreuve, d'une volonté de fer, d'une prodigieuse activité, c'est un *Sabre-Vivant*, et en même temp le bras fort et intelligent des projets de réforme de son père, dont le gouvernement n'a point de plus intrépide défenseur. Son génie militaire est connu de toute l'Europe.

Son caractère naturellement sombre l'a fait accuser de cruauté et même de férocité, mais ceux qui l'on approché savent à quoi s'en tenir sur ces calomnieuses inculpations : loin d'être sanguinaire, Ibrahim se laisse facilement diriger par les idées de clémence et d'humanité. Nul plus que lui ne s'est intéressé à l'établissement des hôpitaux et des autres institutions charitables, fondées sous la direc-

5

tion de notre compatriote, Clot-Bey, en
Egypte. La cruauté d'ailleurs ne peut s'al-
lier avec cette bravoure calme et généreuse
qui est l'un des côtés les plus saillants de
son caractère et qui le fait adorer du soldat.
Ibrahim produit en effet sur ses troupes
cet empire étrange et merveilleux; cette
sorte de fascination, que Napoléon exerçait
sur ses compagnons d'armes et qui les
fesait se précipiter au devant de la mort
au cri de *Vive l'Empereur!*

Endurci à toutes les fatigues, il dédai-
gne toutes les précautions, il vit de la vie
du soldat. On le voit en tous temps au bi-
vouac, dormir couché sur la terre comme
un simple féti. Aussi malgré sa constitu-
tion vigoureuse a-t-il contracté des dou-
leurs rhumatismales aiguës et ses cheveux
ainsi que sa barbe qui étaient d'un blond
ardent, sont-ils devenus blancs de bonne
heure.

Econome sans avarice, il se distingue par un amour excessif de l'ordre , et de la discipline, qu'il a introduite dans toute sa rigueur, parmi les troupes qu'il commande.

Sa voix est forte et propre au commandement , son tempérament est sanguin-bilieux; naturellement sérieux, son abord sans être dur ni désagréable intimide. L'éducation turque qu'il a reçue a été considérablement modifiée par suite de ses rapports fréquens avec des Européens de mérite. Il parle et écrit avec facilité les langues turque , persane et arabe. Il connait très bien l'histoire de l'Orient. Il a la figure ovale, le nez long et mince, les yeux gris et le visage marqué de petite vérole. Il est de taille moyenne (environ cinq pieds deux pouces).

Généralissime des armées du Vice-Roi, sa vie est essentiellement liée à celle de ce

dernier. Ce que l'un décide, l'autre l'exé-
cute. Méhémet-Ali est la pensée, Ibrahim
est le bras. Ce qu'Ibrahim a fait, c'est l'histoire des expéditions militaires entreprises
par son père, qu'il a presque toutes com-
mandées.

Nous allons rappeler celles où il s'est le
plus particulièrement distingué. Quand
Méhémet-Ali reçut l'ordre du Sultan d'ex-
terminer les Wahabites, qui sont les pro-
testans de l'islamisme, le Vice-Roi, pour se
conformer aux ordres de son Suzerain,
avait envoyé contre eux son fils, Tous-
soun-Pacha. Après une campagne, semée
de succès et de revers, ce dernier conclut
un traité de paix, qui ne fut point ratifié
par son père. Ibrahim reçut l'ordre, en
1816, de conduire à fin cette expédition.

Sa conduite, en cette circonstance fut
celle d'un politique habile et d'un général
consommé. C'était une guerre sainte, il

falla t parler au sentiment religieux des populations. Avant d'entamer les opérations de la campagne, et aussitôt après son débarquement, à Yambo, le jeune général se rendit en pélerinage à Médine, pour y visiter le tombeau du Prophète et invoquer la protection d'Allah !

Là, après avoir fait aux mosquées de riches offrandes et avoir distribué d'abondantes aumônes, après avoir solonnellement juré de ne plus boire de vin ni aucune autre liqueur défendue par le Coran, il fit le serment de ne remettre le glaive dans le fourreau, que lorsque les Wahabites seraient anéantis. Il promit en outre d'affranchir, une fois la campagne terminée, les Mamelouks (1) qui composaient sa garde et ses esclaves noirs.

(1) On a continué à désigner, en Egypte, sous le nom de Mamelouks les esclaves qui forment la garde à cheval des Princes.

Déjà les fidèles croyans entraînés, sé-
duits par une telle ferveur, le proclamaient
d'avance le libérateur des lieux saints, le
fils bien-aimé du Prophète, Ibrahim comprit que le moment était arrivé. Il commença donc les opération de la campagne
avec la plus grande vigueur. Si l'attaque fut
vive, la résistance fut opiniâtre, et ce n'est
qu'en épouvantant les populations révol-
tées, par une répression terrible, que le
fils de Méhémet parvint à ranger définiti-
vement la victoire sous ses drapeaux.

Assiégé dans Derrahieh, capitale des
Wahabites, Abdallah-Souhound, leur chef,
prévoyant que la lutte en se prolongeant ne
ferait que causer la ruine entière de sa famille et de son peuple, se rendit prisonnier à Ibrahim, qui le fit conduire au Caire. Cette circonstance amena bientôt la
soumission de tout le pays. Cependant la
disette éclata dans le camp des vainqueurs

et menaçait d'avoir les plus déplorables résultats. A la vue des mutins, Ibrahim, furieux, suivi de ses officiers et de ses gardes, s'élance sur eux le sabre au poing et les disperse après en avoir tué quelques-uns et blessé un plus grand nombre. Ce trait d'une rare intrépidité fit rentrer les soldats dans le devoir, et leur imprima une terreur salutaire.

Cependant les Mamelouks de sa garde, impatients de recouvrer la liberté qu'il leur avait promise, avaient formé le projet de l'assassiner et de s'emparer de ses trésors. Ibrahim en fut averti. Après avoir congédié tous ses gens, il mandé auprès de lui le chef de la conspiration, Joussouf: »

« Je suis votre général et votre maître, lui dit-il, je voulais vous combler de biens, vous élever en dignité, et vous avez résolu de m'assassiner?»

Le Mamelouck voulut nier le fait; Ibrahim, ne pouvant maîtriser sa colère, saisit son sabre pour l'en frapper, mais Joussouf prend un pistolet, tire sur son général et s'enfuit. La balle passa entre le cou et l'épaule droite d'Ibráhim.

La tête de Joussouf fut apportée sanglante aux pieds d'Ibrahim, cinq autres mameloucks passèrent par les armes. A dater de ce jour, ce fut à la troupe régulière qu'Ibrahim confia la garde de sa personne.

Toujours aux aguèts des événemens qui peuvent favoriser leurs projets, les Anglais avaient fait débarquer trois mille hommes à El-Katif, sur la rive occidentale du golfe Persique, vis-à-vis des îles Bahrain ; mais la campagne était déjà finie. Néanmoins le général anglais dépêcha un de ses officiers auprès d'Ibrahim pour lui annoncer l'arrivée de son armée, « venue de l'Inde, disait-il, afin de lui donner assistance contre les Wahabites. »

Ibrahim, qui connaissait la valeur de cette offre intéressée répondit fièrement à l'envoyé, que *ni le grand Seigneur, ni Mohammed-Aly n'avaient eu besoin du secours des Soldats étrangers pour soumettre les Wahabites*. Décidément les anglais ne sont pas heureux avec le Vice-Roi d'Egypte.

Le Divan avait enjoint à Méhémet de faire raser la ville de Derrahieh, pour prévenir le retour d'une nouvelle insurrection. Méhémet transmit cet ordre à Ibrahim et lui enjoignt de ramener l'armée en Egypte, une fois la destruction de la capitale du Nedjid opérée.

A son retour au Caire Ibrahim y fut reçu triomphalement.

« Le vainqueur des Wahabytes (dit M.
« Labat, auquel nous empruntons une

« partie des détails de cette notice.) ac-
« compagné de ses officiers et précédé des
« riches trophées de sa conquête, entra
« dans la ville par la porte des victoires.
« Des esclaves richement vêtus tenaient en
« main les brides de douze chevaux arabes,
« couverts de magnifiques harnais; leurs
« housses traînantes étaient brodées d'or
« et parsemées de pierreries. Des perles de
« la plus grande valeur en faisaient le
« principal ornement. Toute la pompe
« orientale fut déployée dans cette circons-
« tance. De la Mosquée *El-Ghoury*,
« le Vice-Roi vit défiler le cortège triom-
« phal de son fils. Les larmes de joie qu'il
« répandit, prouvèrent que l'ambition
« n'avait point affaibli chez lui le sentiment
« de la paternité. Il y eut à cette occasion
« sept jours de fêtes publiques, afin de
« célébrer dignement la gloire du vain-
« queur des Wahabites. Chacun à l'envi

« s'empressa de lui offrir des présents de
« toute espèce; on déposa à ses pieds de riches
« pierreries, de magnifiques cachemirs,
« des ouvrages d'or et d'argent, etc. L'esti-
« mation de cette offrande publique fut
« portée au delà de six mille bourses. »
(près d'un million.)

Cependant Méhémet-Ali poursuivant
toujours ses plans de réforme avait entrepris
la conquête de la Nubie, du Sennâr et du
Kordofan, pour tenir éloignés du Caire ce
qui restait encore de soldats Turcs et Albanais qui s'étaient révoltés contre ses premiers
essais. Le Prince Ibrahim fut l'un des premiers à seconder ses vues et à s'instruire
dans les exercices et manœuvres militaires,
qu'il dut ensuite diriger comme général en
chef. Il fit d'abord l'exercice comme simple
soldat et voulut passer progressivement
par tous les grades de nos armées. Le colonel
Sèves, l'un des braves officiers de notre

armée impériale, à qui Méhémet avait confié la mission d'organiser ses armées à l'Européenne, l'ayant un jour aperçu à la tête d'un peloton, le prit par la main et le conduisit à son rang de taille, c'est-à-dire à la queue. Ibrahim sourit et s'empressa de donner l'exemple de l'obéissance.

Sur ces entrefaites survint l'héroïque insurrection des Grecs. Ibrahim fut chargé du commandement de l'expédition de Morée, composée de douze mille hommes des meilleurs troupes du Vice-Roi, envoyés par lui pour prêter assistance au Sultan, incapable de ressaisir par ses seules forces, une des plus belles provinces de son empire. Quoiqu'en ait dit la presse française, alors égarée par des rapports mensongers, Ibrahim ne se départit point du système de modération que lui avait recommandé son père. Ce ne fut qu'à regret qu'il se vit parfois contraint de recourir contre les Grecs

nsurgés à des actes de violence ; ces actes de violence, qui presque toujours ne furent que d'énergiques représailles, ne manquèrent pas de soulever les clameurs de tous ceux qui fesaient des vœux pour le succès des Hellènes. Ibrahim fut représenté comme un tigre altéré du sang des descendants de Thémistocle, de Miltiade et de Périclès ; et tandis que les poëtes et les écrivains, invoquant le souvenir de Salamine et de Marathon, comparaient les Grecs modernes aux héros d'Homère, d'autres faisant intervenir le ciel dans la querelle, opposaient dans des phrases sonores, la croix au croissant, et ne trouvaient de guerriers illustres, de chevaliers sans peur et sans reproches , que parmi les défenseurs du ***peuple héroïque***, du peuple ***Chrétien***.—Le moyen alors que celui qui avait pour mission d'étouffer l'insurrection des protégés de l'Europe ne fût pas une ***bête féroce***,

une espéce de ***vampire***! un monstre affamé de carnage!

Le tems s'est chargé de répondre à toutes ces odieuses imputations! Ibrahim, pour avoir été l'adversaire des Grecs, ne s'est jamais chargé du rôle de leur persécuteur; il les a combattus, sans haine, sans colère, et souvent les prisonniers qu'il envoya en Egypte furent l'objet de sa bienveillante protection. Ainsi tombe toute cette vaine fantasmagorie d'actes barbares dont l'accusaient alors les cent mille voix de la presse philenellène.

En dépit des échecs qu'il éprouva, l'expédition de Morée fut une école utile pour Ibrahim; il se trouva dans des positions difficiles, et sa jeune expérience y reçut des leçons, qui ont porté leurs fruits en murissant son jugement.

« Ce qu'il vit des troupes françaises, dit « M. Clot-Bey, lui fit le plus grand plaisir.

« Il eut occasion de connaître le général
« Maison, le général Sébastiani et beau-
« coup d'autres officiers français, qui
« conçurent la plus haute idée de sa capa-
« cité militaire. Il sut au reste tirer un
« excellent parti de ses revers. Jusqu'alors
« on croyait en Orient que la cavalerie
« Turque était supérieure à la cavalerie
« régulière des Européens, Ibrahim-Pacha
« comprit la fausseté de cette opinion et
« que des cavaliers en ligne, se formant
« en pelotons et manœuvrant par masses,
« d'après une tactique précise, devaient
« obtenir sur un champ de bataille les
« mêmes avantages que l'infanterie façon-
« née à de savantes et sévères évolutions. »

Aussi, après la bataille de Navarin, ce
succès aussi glorieux qu'impolitique et
favorable seulement aux intérêts Russo-
Britanniques, quand la Grèce croyant par
cette victoire avoir atteint le fruit de ses héroï-

ques efforts ; l'indépendance et la liberté qu'elle avait rêvée, fut livrée à un préfet Russe, Ibrahim, dès son retour en Egypte avec les débris de sa flotte et de son armée, s'occupa-t-il immédiatement de l'organisation de la cavalerie régulière. Il voulut avoir les principales armes et il a formé des régimens de chasseurs, de lanciers, de dragons et de cuirassiers. En un mot il sut utiliser pour son pays les connaissances d'organisation militaire et administrative qu'il avait acquises auprès des officiers généraux de notre armée.

Cependant le chérif de la Mecque avait levé l'étendard de la révolte, mais grâce à la rapidité des secours que Méhémet fit parvenir à son général Acmet-Pacha, cette tentative avait été bientôt réprimée, et le chérif fait prisonnier avec quelques-uns des siens avait été conduit au Caire où la politique prévoyante du Vice-Roi le retint en ôtage.

C'est alors que Mahmoud décerna à Ibrahim le titre de prince de la Mecque, dignité qui l'élevait au premier rang dans l'ordre hiérarchique des Pachas de l'Empire ; peut-être dans le but d'éveiller en lui une coupable ambition et de jeter la désunion dans la famille du Vice-Roi, dont la popularité toujours croissante devait lui porter ombrage. Mais ce projet machiavélique échoua. Ibrahim n'en resta pas moins fils soumis et respectueux.

Peu de tems après son retour de la Grèce Ibrahim commença l'expédition de Syrie, où les succès qu'il a remportés lui ont assigné une si belle place dans les annales de nos tems modernes.

Abdallah, Pacha de St-Jean d'Acre s'était mis en hostilité avec Méhémet.

Ce dernier porta ses plaintes au Sultan, qui loin d'intervenir en sa faveur, resta sourd à ses justes réclamations, et promit

même à Abdallah de le soutenir dans la
lutte. C'était une provocation imprudente.
La conquête de la Syrie fut décidée. Ibrahim
à la tête de six régiments d'infanterie et
quatre de cavalerie, de quarante pièces de
campagne et d'un plus grand nombre de
siège marchait contre St-Jean-d'Acre, la
flotte qui devait transporter par mer une
partie des troupes n'attendait qu'un vent
favorable pour mettre à la voile, quand
le choléra éclata tout-à-coup en Egypte,
et dans l'espace d'un mois fit périr cent-
cinquante-mille personnes. L'expédition
fut donc suspendue ; mais peu-à-peu l'é-
pidémie diminua ses ravages, et le 2 Novembre 1831, l'armée se mit en marche.
Ibrahim, maitre de Gaza, Jaffa, de Caiffa,
arriva le 26 Novembre sous les murs de St-
Jean-d'Acre. Il l'attaqua simultanément
par terre et par mer; mais trois mois s'é-
taient déjà écoulés en efforts infructueux;

les soldats d'Ibrahim, décimés par les ma-
ladies, les fatigues du siège et les privations
de tout genre, commençaient à croire qu'ils
avaient trop préjugé de leurs forces en
voulant s'emparer d'une ville, devant laquelle Napoléon lui-même avait échoué,
et leur ardeur se ralentissait; Ibrahim sent
qu'il faut à tout prix en terminer et rehaus-
rer sa gloire militaire par ce brillant fait
d'armes. Il ordonne un nouvel assaut.
Déjà sous le feu de l'artillerie qui tonne de
toutes parts, les brèches s'élargissent, les
bombes allument l'incendie dans divers
quartiers de la ville, quand Ibrahim ap-
prend que le Pacha d'Alep arrive au secours d'Abdallah à la tête de quatre-mille
hommes, et que les Pachas de Kaisserie et
de Maadé se sont réunis à lui. Il part avec
l'élite de ses soldats, et vole au devant de
l'ennemi. Il le rencontre dans la plaine de
Zéran, l'aborde avec une rare intrépidité.

et après un choc terrible le met dans une déroute complète; puis il revient, entouré du prestige de la victoire, pousser avec plus de vigueur que jamais les travaux du siège.

Enfin le 27 mai, au matin, il donne le signal de l'attaque. Ce devait être le dernier jour de la lutte, il fallait vaincre ou mourir. On vit alors tout ce que pouvaient d'un côté le courage d'un Général qui avait juré de triompher et de l'autre une population poussée au désespoir. Ibrahim, à la tête de ses troupes, le sabre au poing s'élance comme un lion au milieu de la mêlée, tandis que les colonnes d'assaut chargent avec impétuosité au son de bruyantes fanfares. Contraints de se rendre, Abdallah et sa garnison réduite à quatre cents hommes, mirent bas les armes, et Ibrahim prit possession de St-Jean d'Acre. Delà il se porta sur Damas, dont l'armée turque n'osa pas lui disputer l'entrée.

La marche d'Ibrahim ne fut plus dès lors qu'une promenade militaire, jusqu'à Homs, où les troupes du Sultan l'attendirent pour tenter contre lui le sort d'une bataille rangée. Les chances étaient égales, trente mille hommes se présentaient de chaque côté, mais l'armée Egyptienne avait pour elle l'enthousiasme de la victoire et sa supériorité à constater sur la milice turque. Ce fut une sorte de vertige. Les soldats arabes se précipitent avec une impétuosité qui tenait de la rage sur leurs adversaires qui les avaient dédaignés jusqu'à ce jour et en font une horible boucherie. Les Turcs eurent deux mille hommes tués, tandis que les Arabes n'en perdirent qu'une centaine. Deux mille cinq cents prisonniers, trente six pièces de canon, les bagages et les munitions tombèrent au pouvoir du vainqueur.

Toute la Syrie se déclara bientôt en faveur d'Ibrahim, Alep lui ouvrit ses portes, et rien n'arrêta le fils de Méhémet dans sa poursuite de l'armée ennemie jusqu'au Mont-Taurus.

Là, aux défilés de Beylan-Boghasi, le Général turc, se fiant sur les avantages de cette position, où il put établir ses batteries, voulut tenter d'arrêter les Egyptiens. Mais une ardeur sans égale animait les soldats d'Ibrahim, ivres encore de leur précédens succès, et avides de reconquérir à la race arabe l'antique nationalité dont elle fut jadis si fière. Cavalerie et infanterie se pricipitèrent sur l'ennemi et le mirent en complète déroute. Dix neuf cents prisonniers tombèrent au pouvoir des milices Egyptiennes. Un colonel Osmanlis et ses soldats, entraînés par le prestige qui entourait déjà le nom d'Ibrahim, passèrent dans les rangs de son armée, qui ne trouvant plns d'obstacles à sa marche envahissante s'avança rapidement dans les plaines de l'Asie Mineure. Smyrne et plusieurs autres villes importantes se déclarèrent bientôt en faveur d'Ibrahim. L'heureux fils du Vice-Roi, parvint ainsi jusqu'à Koniah.

Mahmoud, convoquant le ban et l'arrière ban de ses milices avait réuni une armée de soixante mille hommes, et en avait confié le commandement au seul de ses généraux qu'il jugeait capable de se mesurer avec Ibrahim, à Reyschid-Pacha, qu'il éleva en même tems à la dignité de Grand-Visir. Un fefta solonnel fut lancé contre Méhémet et son fils et leur tête mise à prix: rien n'avait été négligé pour exciter le fanatisme des Osmanlis. Les Egytiens étaient une fois moins nombreux que leurs adversaïres, mais le pressentiment de la victoire doublait leur courage et leur nombre.

. On était alors au mois de décembre, 1832. Laissons parler M. Labat, ex-chirurgien du Vice-Roi, qui vient de publier un livre aussi curieux que bien écrit sur l'Egypte et Mohamed-Ali.

« L'atmosphère, chargée d'épais brouil-
« lards, semblait couvrir le champ de
« bataille d'un voile funèbre. Animées
« d'un égal désir de combattre, les deux
« armées ne purent maitriser plus long-
« tems l'ardeur qui les entraînait l'une
« contre l'autre. Chacune avait également
« confiance dans son courage et dans
« l'habilité de ses chefs. Le destin allait
« prononcer dans cette lutte décisive.
« Reyschid marchait à la tête de ses sol-
« dats ; mais emporté par son courage,
« l'impétueux visir se trouva bientôt sé-
« paré des siens. Enveloppé par les soldats
« d'Ibrahim, il fut fait prisonnier par des

« bédouins auxiliaires. Ces cavaliers no-
« mades, ignorant l'importance du prison-
« nier qu'ils venaient de faire, commencè-
« rent par le dépouiller de ses riches vête-
« mens, et après l'avoir désarmé l'ame-
« nèrent à Ibrahim, qui le reçut avec les
« plus grands égards.

« La nouvelle d'un événement aussi
« imprévu jeta le désordre dans l'armée
« Turque, et redoubla, au contraire, le
« courage des soldats Egyptiens. L'armée
« du Sultan, privée de son chef, fut bien-
« tôt dans une déroute complète. Artille-
« rie, munitions, bagages, tout resta au
« pouvoir du vainqueur. Quelques heures
« suffirent pour disperser cette armée re-
« crutée à grands frais et qui était la der-
« nière ressource du Sultan.

La bataille de Koniah avait dignement
couronné la conquête de la Syrie.

Ibrahim, prévenu des bonnes disposifins du peuple en sa faveur , pouvait marcher sur Constantinople, et s'en emparer sans coup férir. Déjà il était parvenu à Kutahieh qui n'est éloigné de Scutari que de quelques journées , lorsqu'un ordre de Méhémet-Ali vint comprimer sa bouillante ardeur, et lui enjoignit de suspendre les hostilités. Bientôt le traité de Kutahieh, conclu sous la médiation de M. de Varennes, chargé d'affaires de France , rétablit la paix entre le Suzerain vaincu et le vassal victorieux.

La conquête des armes achevée, Ibrahim, après avoir opéré le désarmement général de la Syrie, entreprit l'organisation des pays conquis ; il soumit toute la Syrie à l'unité de gouvernement et à la centralisation administrative. Mais toutes ces réformes ne s'opérèrent pas sans de violentes secousses. Quand Méhémet-Ali, dans le double but de ménager la population

Egyptienne et de diminuer d'autant les
élémens de résistance de la part de ses an-
ciens ennemis, voulut recruter son armée
dans les rangs des peuples vaincus et les
faire participer aux charges de l'impôt,
une ardente révolte éclata d'abord dans
les montagnes, et puis attisée par des agents
secrets de la Porte Ottomane envahit bientôt jusqu'au littoral. Ibrahim, secondé du
reste par l'Emir Beschir et le prince de
Druses, après avoir combiné ses moyens de
repression avec Méhémet, lança ses troupes
contre les rebelles, et grâce à l'énergie de
ses résolutions, à l'habileté de l'attaque, il
les contraignit en peu de tems à mettre
bas les armes. Ibrahim après avoir étouffé
l'insurection se montra généreux envers
les vaincus; les principaux chefs seuls
furent mis à mort. Il désarma toutes les
tribus qui ne se servaient de leurs armes
que pour se combattre mutuellement, et

par ces actes de vigueur et la fermeté avec laquelle il les a soutenus, il a doté la Syrie d'une sécurité qui lui était inconnue jusqu'alors.

La paix renaissait enfin en Egypte et dans les provinces conquises, quand par les menées de la politique Russo-Britannique et de la Porte, eut lieu la terrible insurrection des Druses et des Naplousains.

Hommes, femmes, enfants, exaltés par les prêtres eux-mêmes, se présentèrent pour combattre, car on leur promettait la liberté. Il se ruèrent sur les Egyptiens surpris par une conflagration si inattendue, et leur firent éprouver des pertes considérables; mais à la voix de leur chef les soldats d'Ibrahim reprirent bientôt l'offensive. La répression fut terrible. Les insurgés furent poursuivis sans merci jusqu'à extinction complète de toute résistance. Plusieurs villages furent incendiés et la population entière soumise à un énorme impôt de guerre.

Enfin c'est à Ibrahim que dans ces derniers tems Méhémet a confié son royaume et son indépendance à défendre, quand poussé par sa haine aveugle contre le Vice-Roi et par son fatal génie, Mahmoud donna l'ordre au Séraskier Hafiz-Pacha de reconquérir la Syrie et de passer l'Euphrate. Hafiz-Pacha le franchit à Bir et après avoir repoussé les avant-postes Égyptiens vint camper à Nézib. Méhémet-Ali, irrité des menées ténébreuses du général Turc donna l'ordre à son fils de marcher à l'ennemi.

L'armée Turque occupait une forte position à Nézib; son camp fesait face au sud sur trois lignes; les deux premières lignes composées d'infanterie, la troisième de cavalerie. L'artillerie placée sur les deux ailes se composait de 146 canons.

Ibrahim voulait attaquer la position de

front. Soliman-Bey, (Sève), parvint à contenir la bouillante ardeur d'Ibrahim et il fut résolu qu'on manœuvrerait de manière à attirer l'armée turque hors des retranchements. Les Egyptiens feignirent de faire retraite. Le Séraskier Hafiz-Pacha fit sortir une forte division de cavalerie.

Les premiers corps qu'elle rencontra, composés de bédouins, se dispersèrent à son approche, comme il en avait reçu l'ordre. Le Séraskier crut que les Egyptiens seraient facilement mis en déroute, et toute l'armée turque s'ébranla. Pour éloigner davantage l'armée turque de ses retranchements, Ibrahim et Soliman reculèrent pendant deux heures, se hâtant de gagner un champ de bataille que Sèves, avec la supériorité de coup-d'œil qui le distingue, avait tracé et désigné d'avance. Arrivée là l'armée Egyptienne fit volte-face, et, par la nature du terrain, elle se trouva resserrée et formant des masses compactes, l'infanterie au centre, la cavaleri e et l'artillerie légère aux ailes, et chargea vigoureusement l'armée turque qui fut surprise de cette attaque soudaine.

Le désordre ne tarda pas à se mettre dans les rangs des Turcs. Cependant le Séraskier qui arrivait des avant-postes, suppléa par son audace et par le courage des corps qui l'entouraient au désavantage de sa position relative et de sa fausse manœuvre. Mais sa grosse artillerie n'avait pu le suivre, et l'artillerie légère de l'armée Egyptienne, dirigée par des officiers et des artilleurs Européens, secondée par des charges de cavalerie exécutées à propos, jetait le désor.dre dans ses rangs. D'ailleurs ses ailes étaient trop étendues. Entraînée par l'ardeur de la poursuite l'armée turque n'avait conservé aucun ordre de bataille; elle résistait avec peine, quand des corps

d'arabes, embusqués pendant la feinte retraite d'Ibrahim, et qui s'étaient écoulés
à droite et à gauche à la faveur des acci-
dents du terrain, fondant tout à coup sur
ses derrières la mirent dans une déroute
complète.

Le désordre fut bientôt si grand que les
soldats, jetant leurs armes, cherchèrent
leur salut dans la fuite. Ce fut un pêle-mêle
effroyable. Une partie des troupes essaya
de regagner le camp retranché, l'autre se
précipita dans l'Euphrate pour le traverser
en quelques endroits guéables. Entraîné
dans la déroute le Séraskier s'était jeté dans
l'Euphrate. Son cheval blessé dans la
mêlée par une balle qui lui avait fracassé
l'épaule, perdait beaucoup de sang. Parvenu au milieu du fleuve, ce bel animal
avait perdu ses forces et allait disparaître
sous les eaux. Son maître allait être en-
glouti, quand un jeune albanais qui le

,uivait de près le saisit par le milieu d u
corps et le mit sur une petit cheval épirote
qu'il montait et qui les conduisit de l'autre
côté du fleuve.

Trois heures après la bataille, Ibrahim
se reposait sous la tente du Séraskier. Parmi
les papiers du général Turc se trouvèrent
des pièces irrécusables des intrigues de
l'Angleterre pour pousser à la guerre. Une
lettre confidentielle de Lord Ponsonby,
arrivée deux jours avant la bataille, enga-
geait Hafiz-Pacha à attaquer à la première
occasion. Après se l'être fait traduire et en
avoir pris communication, Méhémet-Ali s'é-
cria : « Je connais les Anglais maintenant.
Ils me paieront mes cotons ce qu'ils valent
et ils ne brûleront pas beaucoup de charbon
dans l'isthme. »

C'est le 24 Juin que fut livrée la mémo-
rable bataille de Nézib. Tous les journaux
ont retenti dans le tems des détails de cette

victoire qui, jointe à ses autres exploits, a placé Ibrahim au rang des plus illustres et des plus habiles généraux du siècle.

Cent cinquante sept pièces de canon, avec leurs caissons, vingt mille fusils, quinze mille prisonniers, le camp avec toutes les tentes y compris celle du Séraskier, restèrent au pouvoir des vainqueurs.

Ecrivant à son père sur le champ de bataille, Ibrahim-Pacha dans le premier enthousiasme d'un aussi beau fait d'armes, disait, en parlant du colonel Sève (Soliman-Pacha) dont le courage et les conseils avaient si puissamment contribué au succè de la journée. « Nous étions deux soldats qui nous félicitions de la victoire. »

Une seconde fois Ibrahim pouvait poursuivre sa marche victorieuse sur Constantinople, mais l'Europe s'en est émue et a formé un congrès. Ibrahim s'est donc arrêté sur le théâtre de ses conquêtes.

attend, la main sur la garde de son épée, que son père lui donne l'ordre d'aller en avant, à moins que mieux avisée la Subli-me Porte ne se décide à traiter directement avec Méhémet-Ali, en acceptant enfin les conditions d'une paix qui assure la nationa-lité de l'Egypte, et consolide définitive-ment dans la race de Méhémet la vice-royauté Egypto-Syrienne.

Outre ses qualités militaires, Ibrahim en posséde une qu'on ne peut trop applaudir dans un prince destiné à gouverner un jour l'Egypte: c'est l'amour de l'agriculture, dont il s'est fait le protecteur éclairé.

Ibrahim-Pacha a trois fils, dont l'aîné Achmed-Bey est né en 1825, et l'accompa-gne déjà dans ses expéditions; Jsmayl-Bey, né en 1830 et Mustapha-Bey, né en 1832.

O. F.

Imp. de Baudouin, r. des Boucherie-St-Ger. 38